Les questions thématiques

Tu préfères...

Manger avec ma belle-famille tous les dimanches

OU

Ne plus jamais manger de chocolat de ta vie ?

Échanger nos vêtements pendant une semaine

OU

Me laisser choisir tes tenues pendant un mois ?

Tu préfères...

Tirer au sort le prénom de notre enfant

OU

Laisser mes parents choisir ?

Partir ensemble tous les étés dans ma maison familiale dans la Creuse

OU

Partir en vacances seul(e) sur une île paradisiaque ?

Tu préfères...

Cuisiner pour moi

OU

Que je cuisine pour toi ?

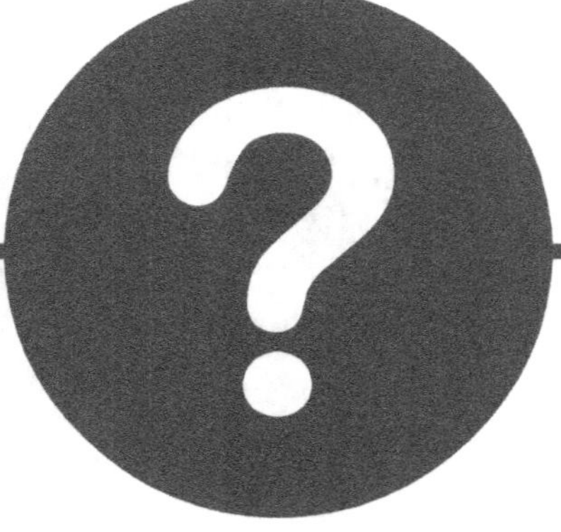

Que j'adore dépenser
tout mon argent dans la bouffe

 **OU**

Que je sois économe ?

Tu préfères...

Faire de la plongée sous-marine avec moi

OU

Faire du chien de traineaux ensemble ?

Que j'adore les fast-food

OU

Que je ne cuisine que des plats healthy ?

Tu préfères...

Je je me lève tôt le matin

OU 

Que j'adore rester dans le lit ?

Que je prenne beaucoup de selfies

OU

Que je prenne des photos de toi
tous les jours ?

Tu préfères...

Que tout le monde ait peur de moi

OU

Que tout le monde m'adore ?

Fêter ton anniversaire avec moi

OU

Le fêter avec tes ami(e)s et moi ?

Tu préfères...

Ne manger que de la salade et des légumes pendant 3 mois

OU 

Ne pas me voir pendant un mois ?

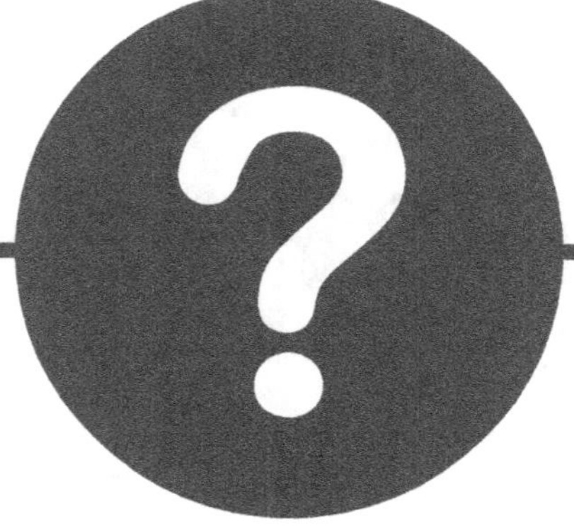

Célébrer notre mariage en petit comité

OU

Faire une énorme fête avec 200 invités ?

Tu préfères...

Aller courir avec moi

OU

M'emmener au cinéma et manger du pop-corn ?

M'écrire une lettre d'amour

OU

M'écrire une chanson d'amour ?

Tu préfères...

Fabriquer ton propre cadeau pour mon anniversaire

OU

M'acheter un cadeau en magasin ?

Que j'adore les animaux

OU

Que je les déteste ?

Tu préfères...

Passer des vacances avec moi dans un pays froid

OU

Sous les tropiques ?

Que je te masse le dos

OU

La tête ?

Tu préfères...

Que je t'offre un cadeau à faire en amoureux

OU

Que je t'offre un nouveau smartphone ?

Faire une ballade à cheval et camper dans la nature

OU

Passer la journée dans un parc d'attraction ?

Tu préfères...

Participer ensemble à une soirée karaoké

OU

Prendre des cours de danse à deux ?

Organiser une soirée apéro avec nos amis et sortir en boite de nuit

OU

Faire un pique-nique devant le coucher de soleil en amoureux ?

Tu préfères...

Que je te force à devenir vegan

OU

Que je fasse des hamburgers
tous les jours ?

Manger des sushis

OU

Manger une pizza ?

Tu préfères...

Qu'on fasse un resto et qu'on s'offre des cadeaux pour la Saint Valentin

OU

Faire comme si c'était une journée comme les autres ?

Que je m'habille sexy quand on est tous les deux uniquement

OU

Que je m'habille sexy tout le temps ?

Tu préfères...

Travailler avec moi

OU

Travailler chacun de son côté et me voir moins souvent ?

Que j'adore boire tout ce qui est alcoolisé

OU

Que je refuse de toucher à une goutte d'alcool ?

Tu préfères...

Écouter du rock ensemble

OU

Écouter de l'éléctro ?

Que je travaille à la maison

OU

Que j'aille au bureau tous les matins ?

Tu préfères...

Aller à un festival ensemble

OU

Que chacun aille avec ses ami(e)s ?

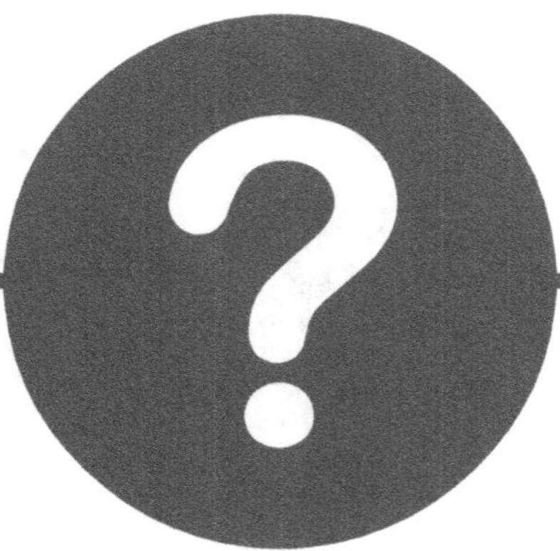

Passer notre lune de miel dans
un lieu populaire

OU

Dans un endroit peu connu et isolé ?

Tu préfères...

Acheter ensemble un appartement dans une grande ville

OU

Acheter une maison à la campagne ?

Regarder mon visage

OU

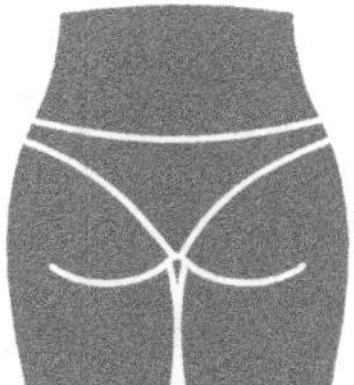

Mes fesses ?

Tu préfères...

Te marier mais ne pas avoir d'enfant

OU

Ne pas te marier et avoir des enfants ?

Que j'aime ta famille et déteste tes ami(e)s

OU

Que j'aime tes ami(e)s et déteste ta famille ?

Tu préfères...

Regarder un film d'horreur avec moi

OU

Une comédie française ?

Que j'ai beaucoup d'ami(e)s du sexe opposé

OU

Que je n'ai aucun(e) ami(e) ?

Tu préfères...

Que je te fasse ma demande en privé

OU 

Dans un restaurant bondé ?

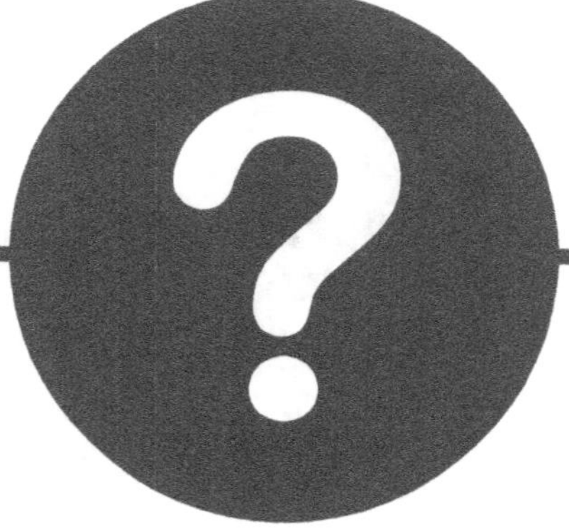

Que je t'apporte le petit-déjeuner au lit

 **OU**

Que je te complimente tous les jours sur ta beauté ?

Tu préfères...

Que je te prenne pour mon esclave sexuel(le)

OU

Pour la femme de ménage ?

Qu'on aille au fast-food toutes les semaines

OU

Dans un resto gastronomique une fois par mois ?

Tu préfères...

Savoir comment tu vas mourir

OU

Comment je vais mourir ?

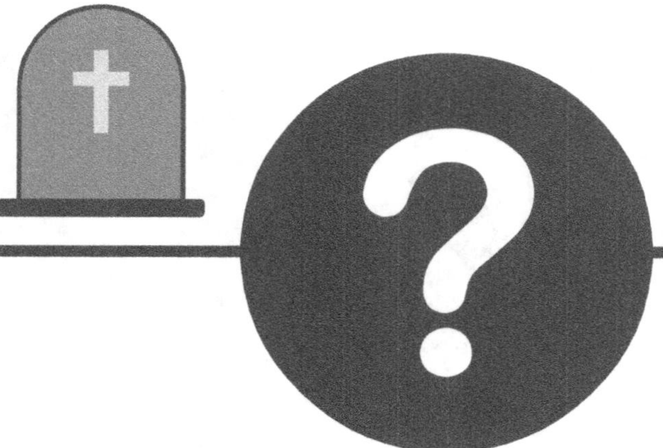

Avoir qu'un seul enfant

OU

En avoir 5 ?

Tu préfères...

Que je passe mes journées à jouer aux jeux-vidéos

OU

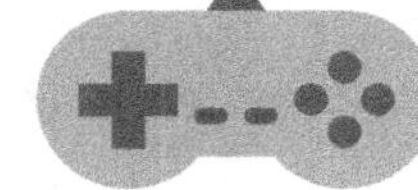

Que je sois absorbé(e) par mon travail ?

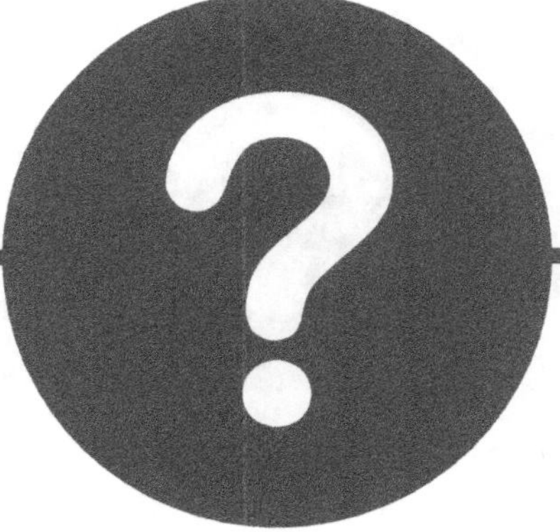

Manger dehors à chaque repas

OU

Devoir cuisiner à chaque repas ?

Tu préfères...

Me tenir la main 3h d'affilée chaque jour

OU

Ne plus jamais me la tenir ?

Que je vomisse à chaque fois que je bois et devoir m'assister

OU

Que je me mette nu(e) devant des inconnus à chaque fois que je bois ?

Tu préfères...

Que toutes nos disputes soient diffusées sur les réseaux sociaux

OU

Ne plus jamais te servir d'internet ?

Que je ne fasse jamais la vaisselle

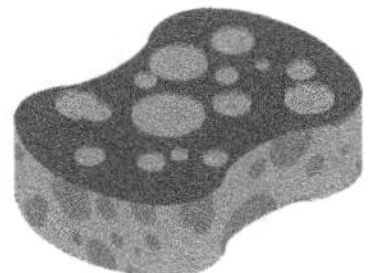

OU

Que je laisse trainer mes vêtements partout ?

Tu préfères...

Manger une fois par jour des aliments périmés

OU

Ne plus jamais manger avec moi ?

Pouvoir parler et comprendre toutes les langues

OU

Parler le langage des animaux ?

Tu préfères...

Mettre fin à notre relation

OU

Que je te quitte ?

Parcourir le monde avec moi

OU

Être coincé(e) sur une île déserte
avec ta star préférée ?

Tu préfères...

Me mentir pour me protéger

OU

Me dire la vérité quoiqu'il arrive ?

Que je me confie sur tout ce qui me tracasse

OU

Que je garde tout pour moi ?

Tu préfères...

Pouvoir passer uniquement les journées avec moi

OU

Seulement les nuits ?

Que j'exerce un métier risqué mais qui rapporte beaucoup d'argent

OU

Un métier sans risque rémunéré au SMIC ?

Tu préfères...

Dépenser toutes tes économies pour payer ma caution

OU

Que j'ai un accident avec ta voiture et qu'elle aille à la casse ?

Que je ronfle très fort

OU

Que je sois somnambule ?

Tu préfères...

Danser un slow avec moi

OU

Danser un zouk endiablé ?

Qu'on fasse souvent l'amour mais qu'on ne s'aime plus

OU

Qu'il y ait toujours de l'amour mais plus de sexe ?

Tu préfères...

Avoir un chef cuisinier rien que pour nous

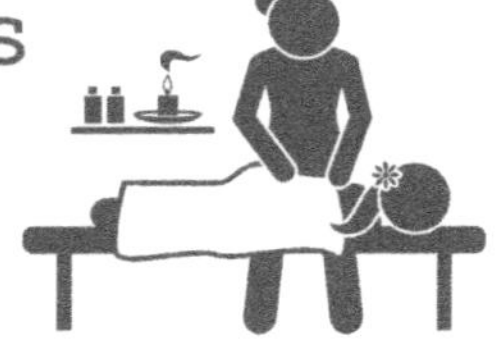

OU

Avoir une masseuse personnelle ?

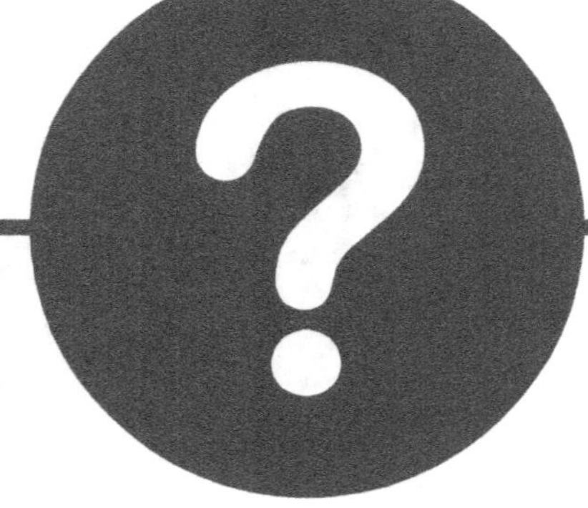

Qu'on soit coincés dans la chambre pendant 48h

OU

Qu'on soit coincés dans la cuisine pendant 48h ?

Tu préfères...

Pouvoir m'appeler qu'une seule fois par mois

OU

Pouvoir m'écrire un message une seule fois par semaine ?

Que je sois allergique à la viande et ne pas pouvoir en cuisiner ?

OU

Que j'ai une intolérance au lactose ?

Tu préfères...

Que j'écoute la musique à fond dès le matin

OU

Que je te parle pendant des heures de suite sans m'arrêter ?

Courir à 100 km/h

OU

Voler à 10km/h ?

Tu préfères...

Découvrir que j'ai un profil sur une appli de rencontre

OU

Tomber sur une vieille sextape que j'ai faite ?

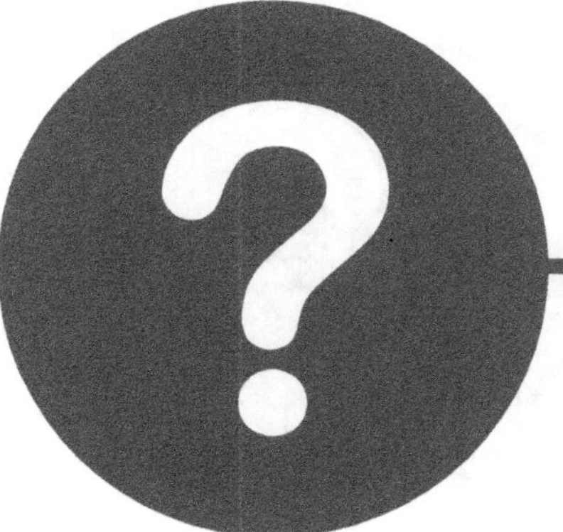

Qu'on ne se parle qu'avec des consonnes

 **OU** 

Qu'avec des voyelles ?

Tu préfères...

Dormir tout(e) nu(e)

OU

Dormir en pyjama ?

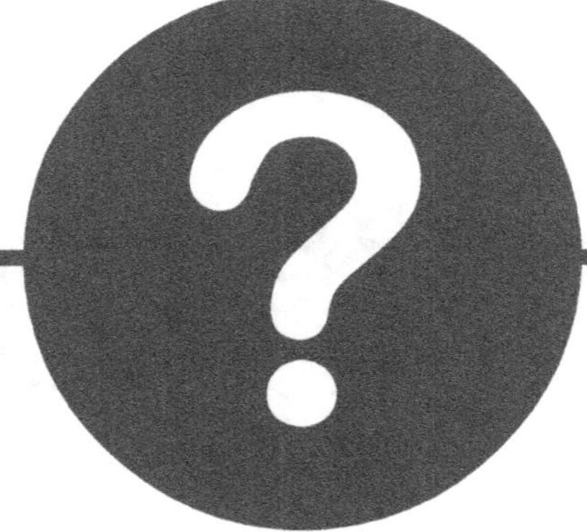

Passer le dimanche à regarder des films/séries

OU

Passer le dimanche à se promener et à pique-niquer

Tu préfères...

Être de corvée de vaisselle pendant une semaine

OU

Sortir les poubelles pendant un mois ?

Paraître 10 ans de plus que ton âge

OU

Paraître 10 ans de moins ?

Tu préfères...

OU

?

OU

Les questions décalées

Tu préfères...

Sortir avec mes sous-vêtements

OU

Sortir sans sous-vêtements ?

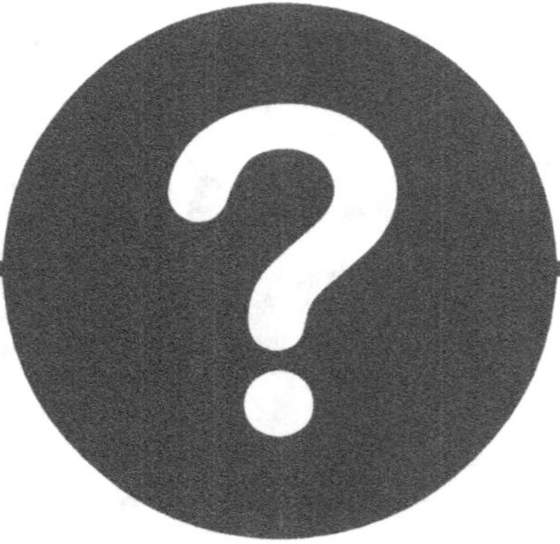

Que j'ai une tête beaucoup
plus grosse

OU

Beaucoup plus petite ?

Tu préfères...

Que je parle avec une voix de bébé

OU

Que j'abois comme un chien pour communiquer ?

Que je sois feignant(e) et bordélique

OU

Un/une maniaque du ménage ?

Tu préfères...

Que je fasse des bruits d'animaux
de la ferme pendant mon sommeil

OU

Que je te colle toute la nuit ?

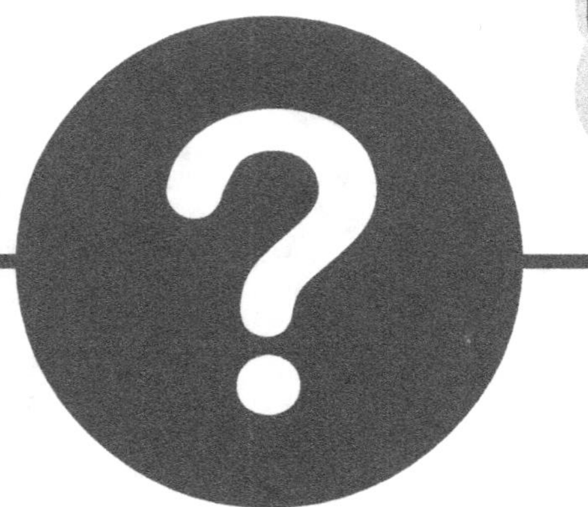

Que mes cheveux poussent de 20cm
en une nuit

OU

Que je me réveille chauve ?

Tu préfères...

Gagner des millions d'euros au loto et que je te quitte

OU

Être toujours pauvre et passer ta vie avec moi ?

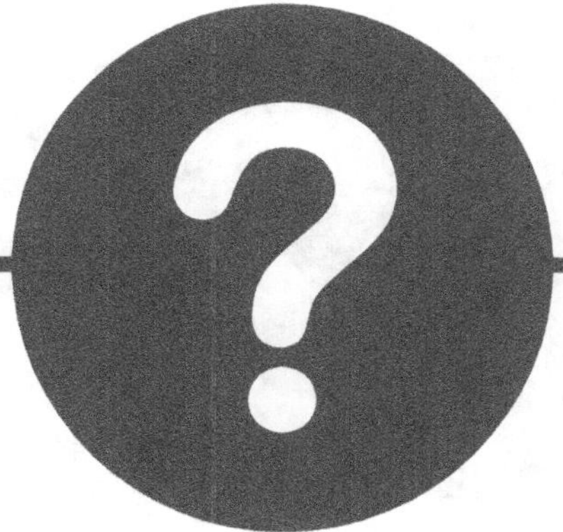

Que je ne me lave presque jamais

OU

Que je ne mette jamais de parfum et de déodorant ?

Tu préfères...

Que je t'annonce que je viens d'adopter un perroquet

OU

Une poule pondeuse ?

Que je tombe dans le coma pendant un an

OU

Que j'ai un accident et ne me rappelle plus de toi ?

Tu préfères...

Pouvoir lire dans mes pensées

OU

Pouvoir voir à travers mes vêtements ?

Que je pète un câble et me fasse tatouer tout le corps

OU

Que j'oublie le jour de notre rencontre ?

Tu préfères...

Que notre bébé ressemble à une personne âgée

OU

Avoir des triplés ?

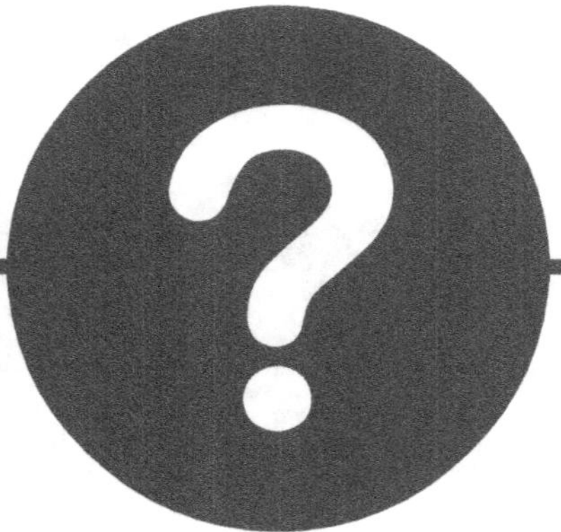

Aller dans un club libertin ensemble

OU

Aller à la messe tous les dimanches ?

Tu préfères...

Boire un litre de sperme

OU

Boire un litre de règles ?

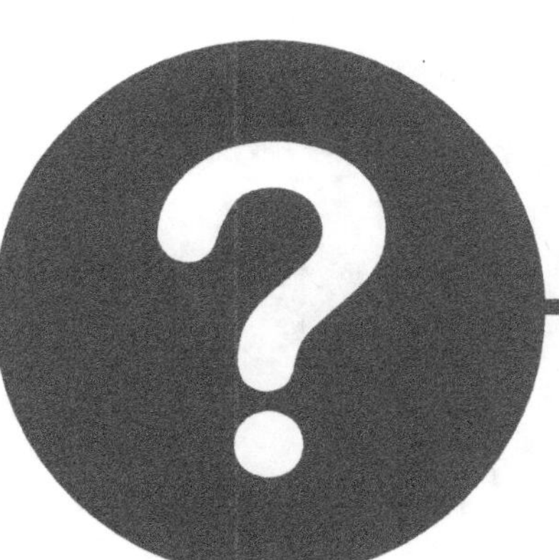

Que je ne m'arrête plus de parler

 **OU**

Que je devienne muet(te) ?

Tu préfères...

Ne plus pouvoir me toucher

OU

Ne plus pouvoir toucher à ton smartphone ?

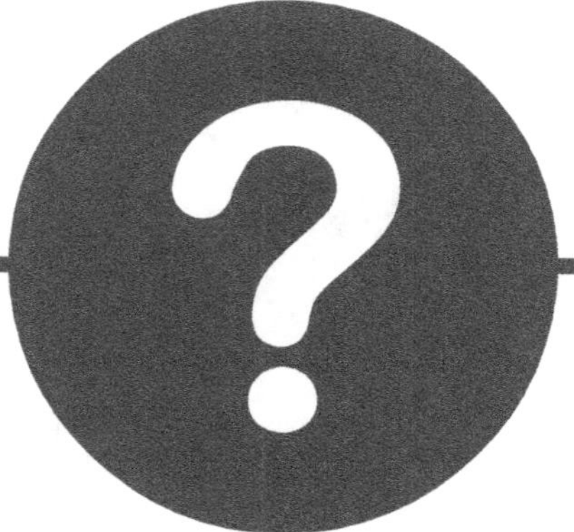

Que je te demande de me couvrir pour un crime que j'ai commis

 **OU**

Que je t'annonce que j'ai rencontré quelqu'un d'autre ?

Tu préfères...

Que je fasse beaucoup de bruit
quand je fais du sport

OU

Que je prenne un kilo par mois ?

Avoir un van magique qui nous
téléporte où on veut

OU

Avoir un spa/hammam dans
notre maison ?

Tu préfères...

Que je t'annonce que suis devenu(e) gay

OU 

Que je te trompe avec ton/ta meilleur(e) ami(e) ?

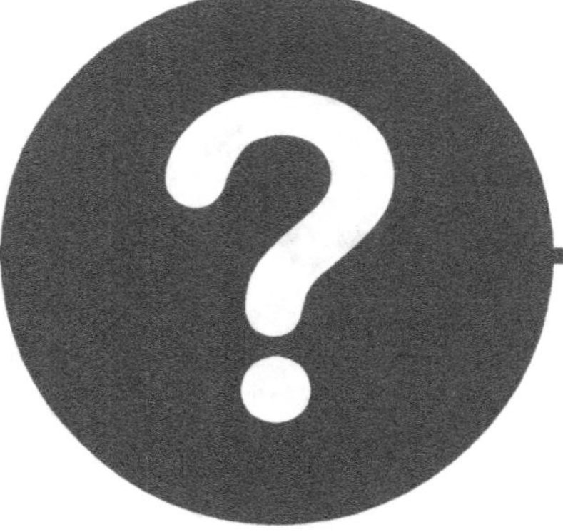

Dormir avec moi dans un lit une place

 **OU**

Dormir dans des lits séparés ?

Tu préfères...

Que je devienne très maigre avec
la peau sur les os

OU

Que je devienne énorme ?

Que j'adopte tous les chiens errants
que je trouve dans la rue

OU

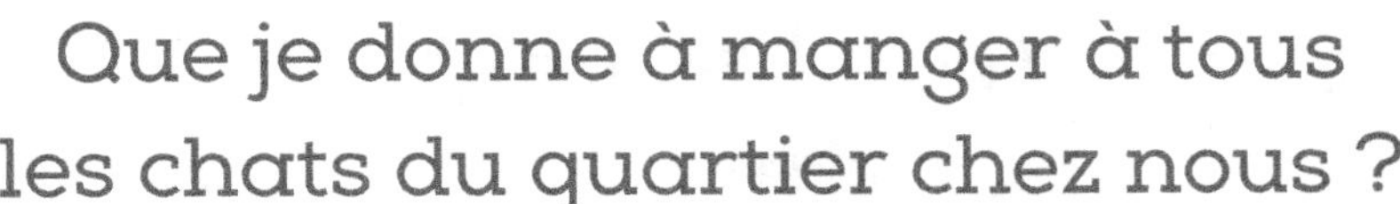

Que je donne à manger à tous
les chats du quartier chez nous ?

Tu préfères...

Que je me réveille avec un corps du sexe opposé

OU

Que je me réveille en étant persuadé(e) d'être au 18ème siècle ?

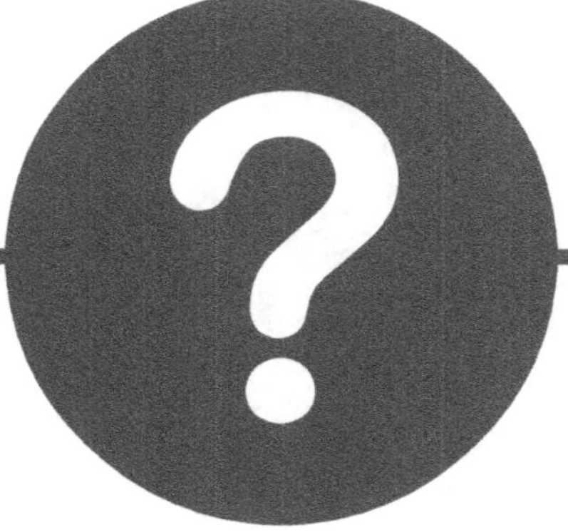

Porter des chaussettes mouillées toute l'année

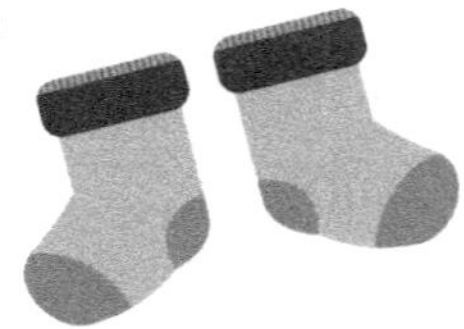

OU

Ne pas te laver les cheveux pendant 3 mois ?

Tu préfères...

Que je casse la télé suite à une dispute

OU

Que j'écrase ton téléphone ?

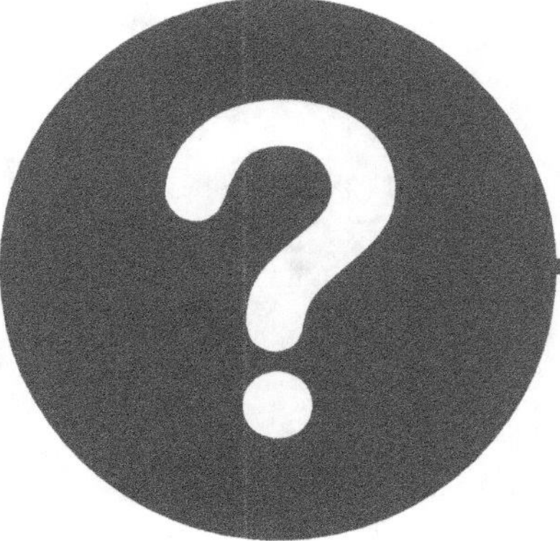

Qu'on aille vivre dans un pays où il fait toujours nuit

OU

Tout le temps jour 24h/24 ?

Tu préfères...

Qu'on vive ensemble éternellement

OU

Qu'on meure à 40 ans ?

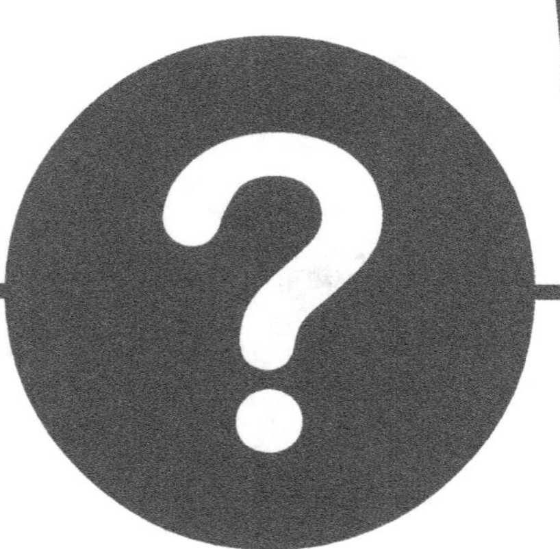

Pouvoir changer le passé de notre relation

OU

Pouvoir voir ce que le futur nous réserve ?

Tu préfères...

Que je devienne alcoolique

OU

Que je fasse pousser de l'herbe dans le placard de la chambre ?

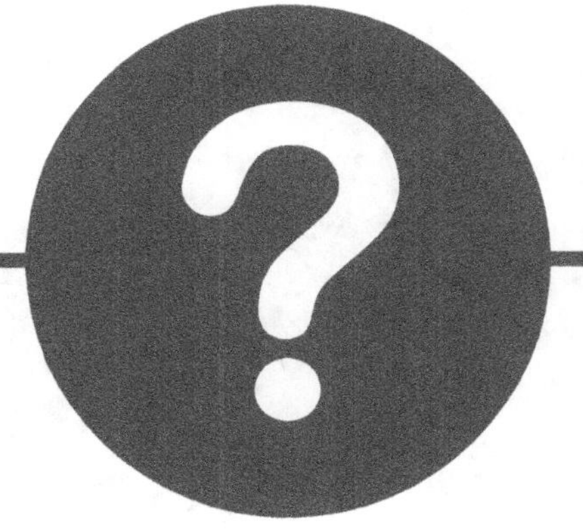

Qu'on habite dans la même rue que le premier ministre

OU

Qu'une star américaine du cinéma ?

Tu préfères...

Que je perde l'usage de la parole

OU

Que je perde la mémoire ?

Qu'on soit envahis par des zombies

OU

Qu'on s'échoue sur une ile déserte ?

Tu préfères...

Qu'on gagne au loto

12

OU

Qu'on ne se dispute plus jamais ?

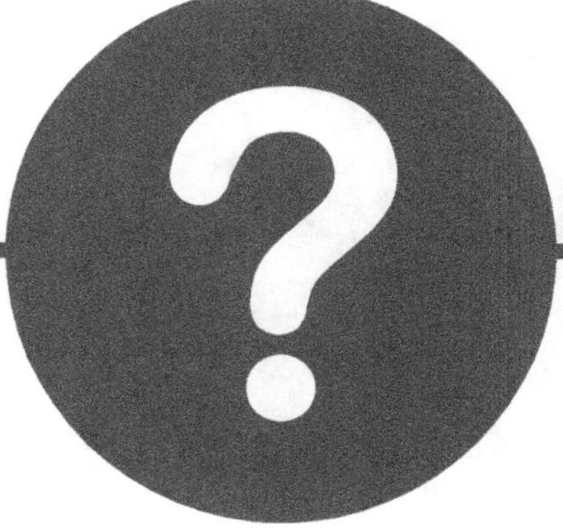

Ne plus pouvoir me faire de bisous

OU

Ne plus pouvoir me prendre dans tes bras ?

Tu préfères...

Voir un film avec les meilleurs moments de notre vie de couple

OU

Voir une scène importante de notre futur ?

Porter des vêtements d'été en hiver

OU

Porter des vêtements d'hiver en été ?

Tu préfères...

Que je lâche des pets bruyants mais inodores

OU

Des pets silencieux mais ultra toxiques ?

Ne plus jamais avoir besoin de dormir

OU

Dormir 12h par nuit et pouvoir contrôler tes rêves ?

Tu préfères...

Vivre au Moyen-Âge avec tous tes souvenirs de notre vie actuelle

OU

Vivre sur Terre dans 3 siècles ?

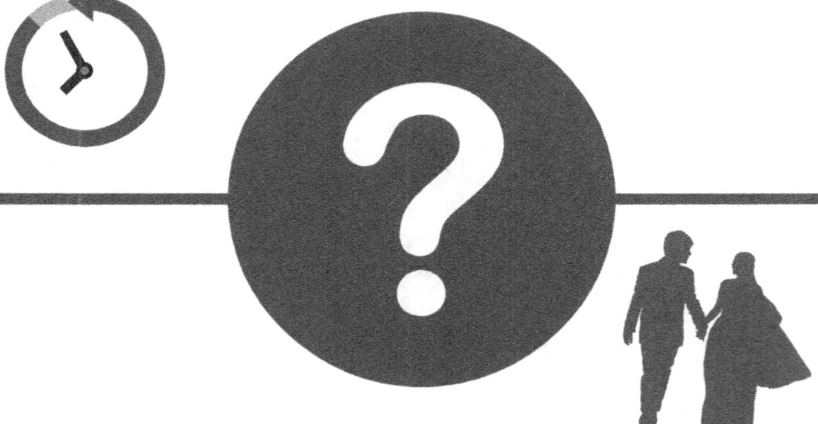

Que personne ne vienne à notre mariage

OU

Que personne ne soit là le jour de ton enterrement ?

Tu préfères...

Porter des vêtements que j'aime mais que tu détestes

OU

Porter des vêtements que tu aimes mais que je déteste ?

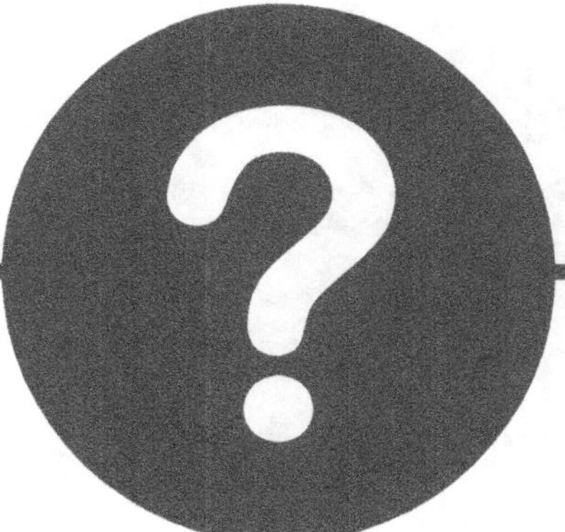

Qu'on donne naissance à un enfant handicapé

OU

Qu'on ait jamais d'enfant ?

Questions décalées
Tu préfères...
OU
Posez chacun votre tour votre question la + déjantée
OU

Les questions
Sexe

Tu préfères...

Renoncer au sexe oral

OU

Ne pas avoir de rapport pendant une année entière ?

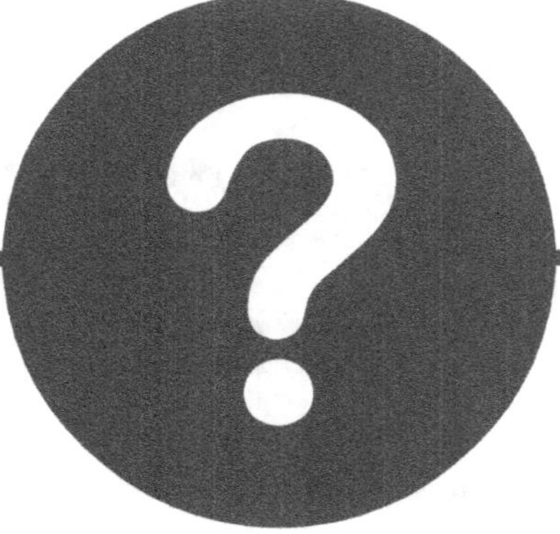

Envoyer par erreur une photo de toi nu(e) à tes parents

OU

À ton patron ?

Tu préfères...

Être dessous pendant le rapport

OU

Être dessus ?

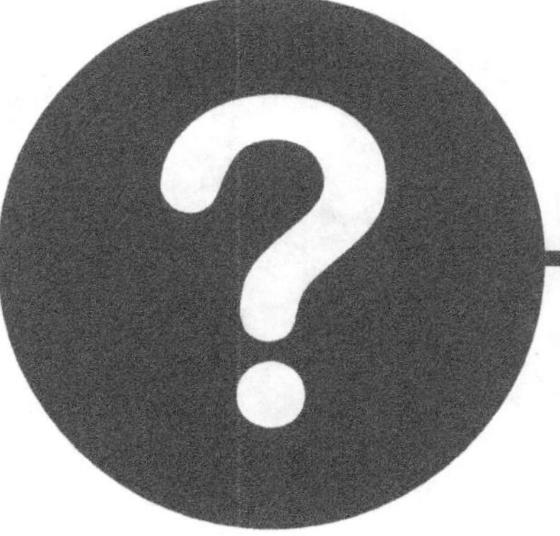

Faire l'amour alors que je ne me suis pas brossé les dents depuis 1 mois

OU

Faire l'amour alors que je ne me suis pas douché depuis une semaine ?

Tu préfères...

Être celui/celle qui pratique le sexe oral

OU

Qui le reçoit ?

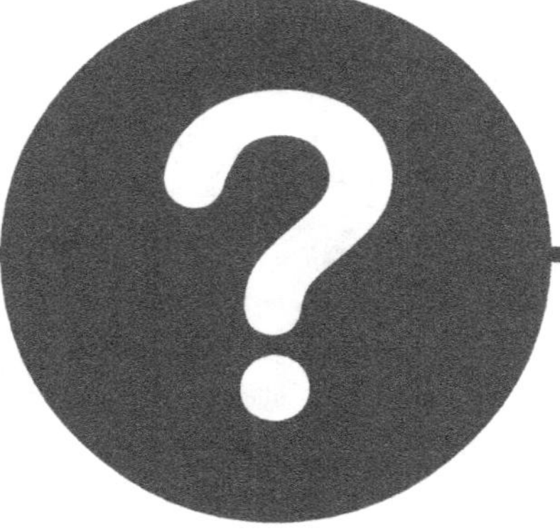

Que je te trompe pour un coup d'un soir

OU

Me tromper avec un coup d'un soir ?

Tu préfères...

Recevoir la fessée

OU

La donner ?

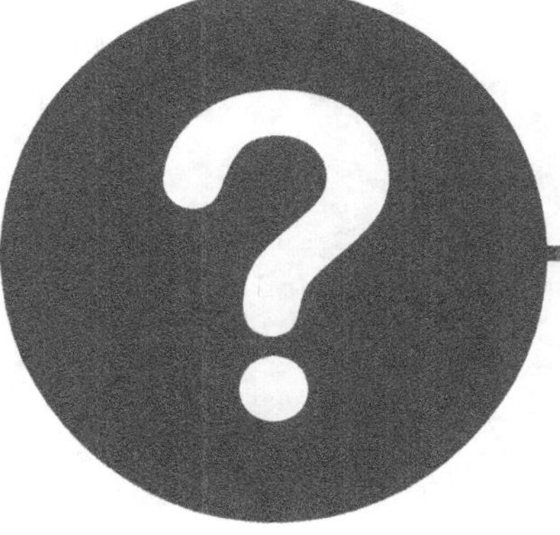

Le faire avec les lumières allumées

OU

Les lumières éteintes ?

Tu préfères...

Avoir un coup d'un soir avec quelqu'un de moche mais doué au lit

OU

Avec quelqu'un d'hyper attirant mais mauvais au lit ?

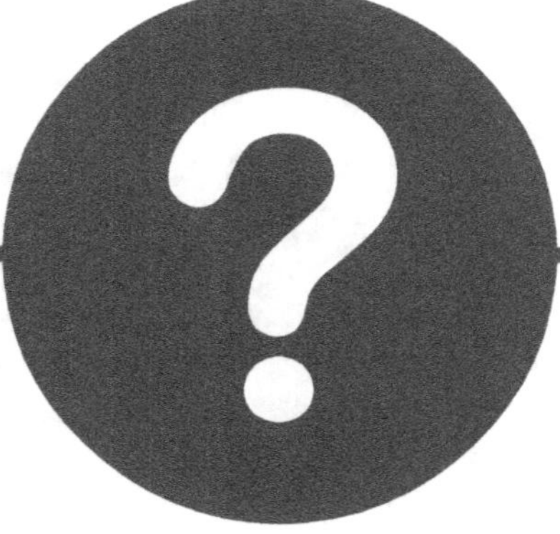

Faire l'amour le matin au réveil

OU

Le soir avant de se coucher ?

Tu préfères...

Que je ne fasse pas de bruit

OU

Que je sois très bruyant(e) pendant l'acte ?

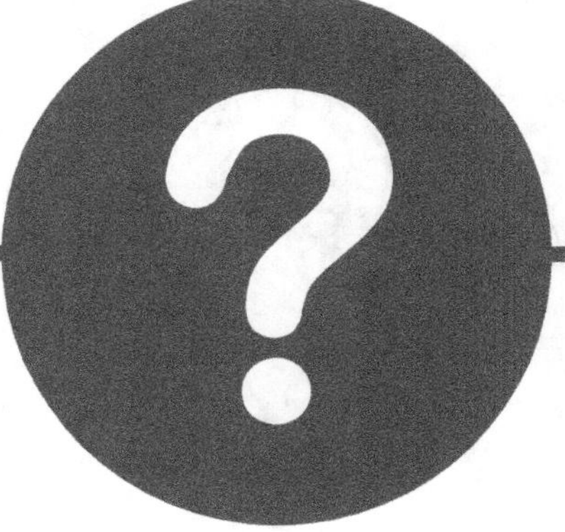

Que j'ai tout le temps envie de le faire

OU

Que j'ai un libido très faible ?

Tu préfères...

Que je t'embrasse sur le lobe
de l'oreille

OU

Dans le cou ?

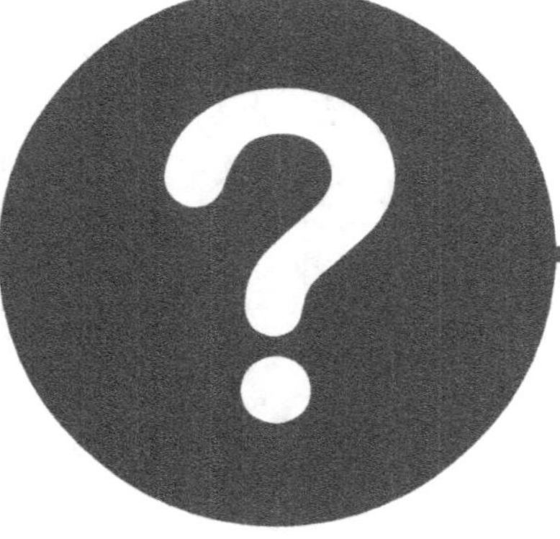

Que je crie pendant l'orgasme

OU

Que je morde ?

Tu préfères...

Payer pour avoir du sexe

OU

Être payé pour ça ?

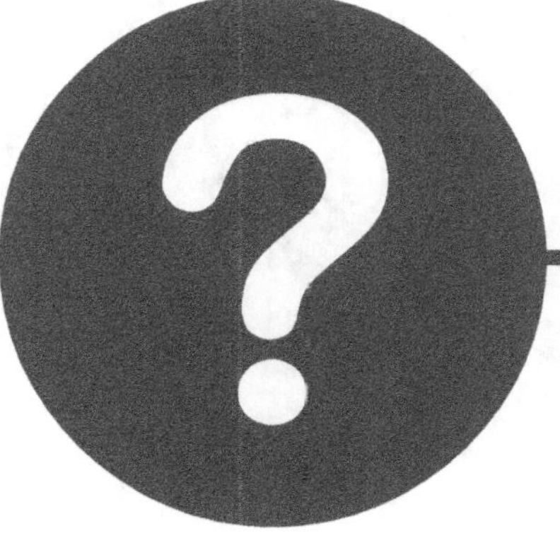

Regarder un film érotique avec moi

OU

Lire un truc érotique à haute voix
tout en me touchant ?

Tu préfères...

Faire des choses romantiques

OU

Essayer des nouvelles idées
perverses ?

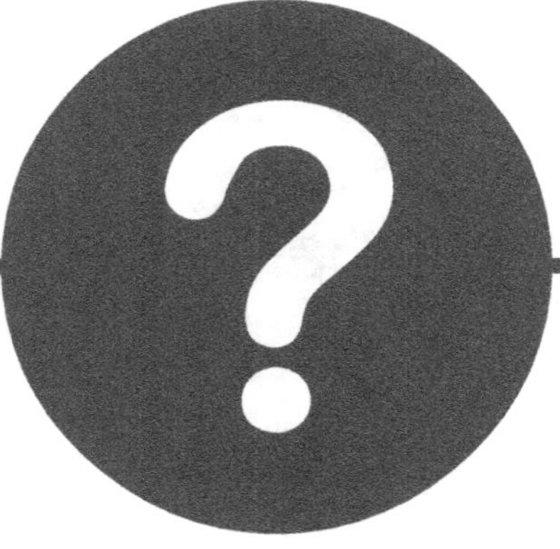

Coucher dès le premier soir

OU

Attendre plusieurs rendez-vous
avant de coucher ?

Tu préfères...

Faire l'amour durant une minute

OU

Le faire pendant plusieurs heures ?

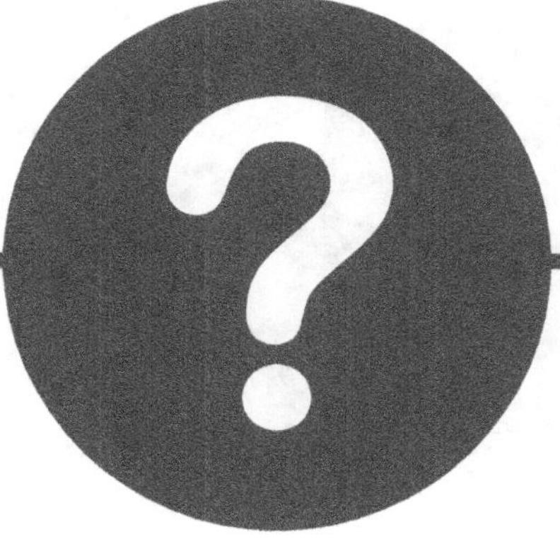

Le sexe brutal

OU

Le sexe sensuel ?

Tu préfères...

Le faire dans une voiture

OU

Dans une forêt ?

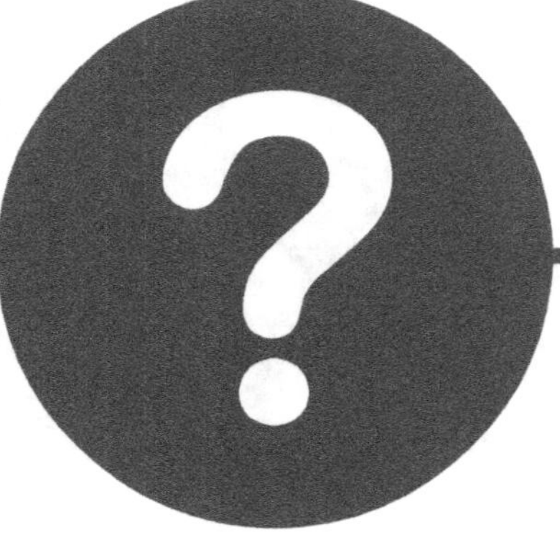

Être tout le temps excité(e)

OU

Ne presque jamais l'être ?

Tu préfères...

Un plan à 3 avec un mec en plus

OU

Avec une fille en plus ?

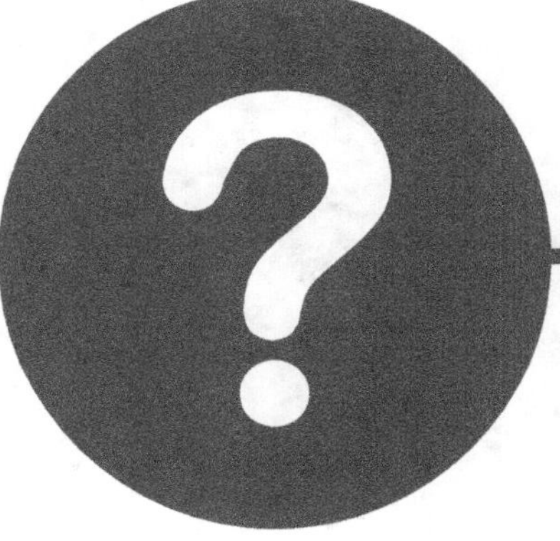

Être soumis(e) pendant le sexe

OU

Être celui/celle qui domine ?

Tu préfères...

Que je jouisse trop rapidement

OU

Que je ne te fasse jamais jouir ?

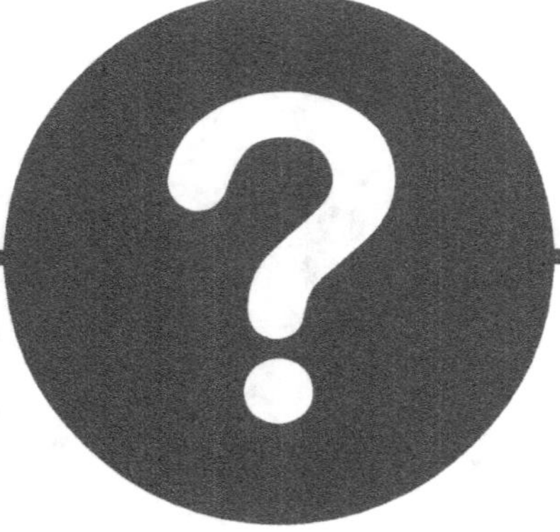

Le faire quand il fait 30 degrés

OU

Quand il fait 5 degrés ?

Tu préfères...

Avoir des gaz à chaque orgasme

OU

Ne pas pouvoir t'empêcher de crier "je t'aime maman" ?

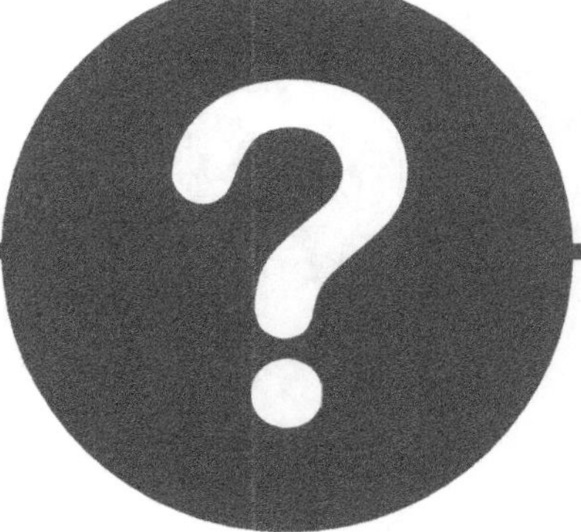

Tomber sur une sextape de tes parents

OU

Que tes parents tombent sur une sextape de nous deux ?

Tu préfères...

Que je te caresse sous la table
d'un restaurant bondé

OU

Sous la table de la maison de tes
parents ?

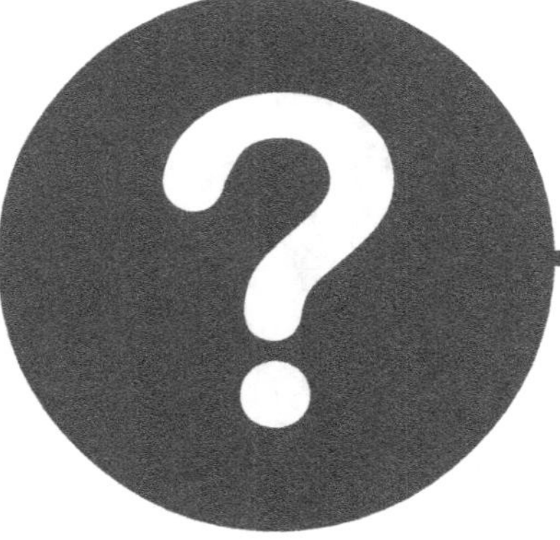

Que je te suce/lèche dans
une salle de cinéma

OU

Le faire dans des toilettes
publiques ?

Tu préfères...

Recevoir une photo coquine de moi tous les jours pendant un mois

OU

Faire l'amour tous les jours pendant une semaine ?

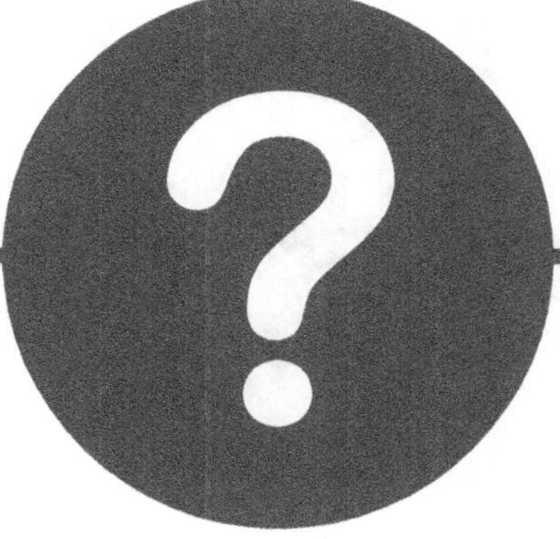

Te faire surprendre en public

OU

Surprendre quelqu'un d'autre ?

Tu préfères...

Avoir un plan à trois avec un(e) inconnu(e)

OU

Avec quelqu'un qu'on connait ?

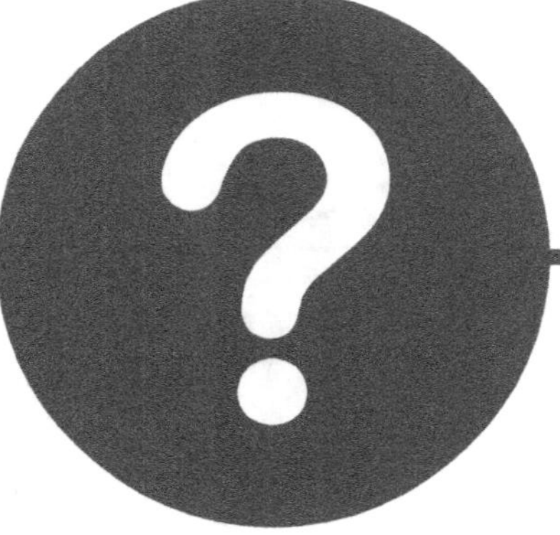

Avoir un rapport avec les fenêtres ouvertes

OU

Le faire dans la chambre d'un ami ?

Tu préfères...

Recevoir du sexe oral
pendant que tu conduis

OU

Pendant que tu regardes la télé ?

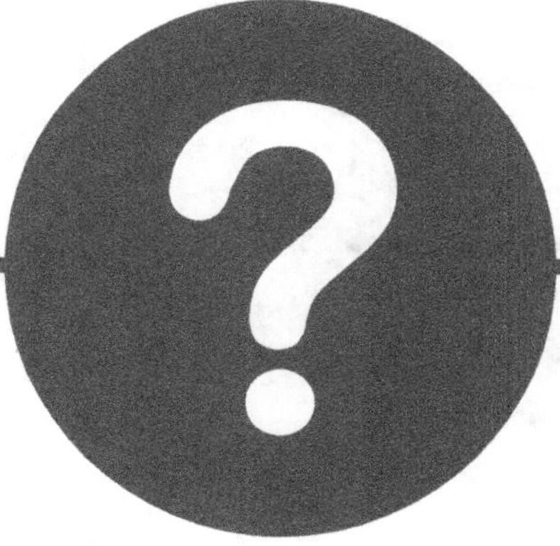

Le faire dans le jacuzzi d'un hôtel
luxueux

OU

Sur la plage ?

Tu préfères...

Faire un gang bang avec que des personnes inconnues

OU

Avec tous/toutes tes ex ?

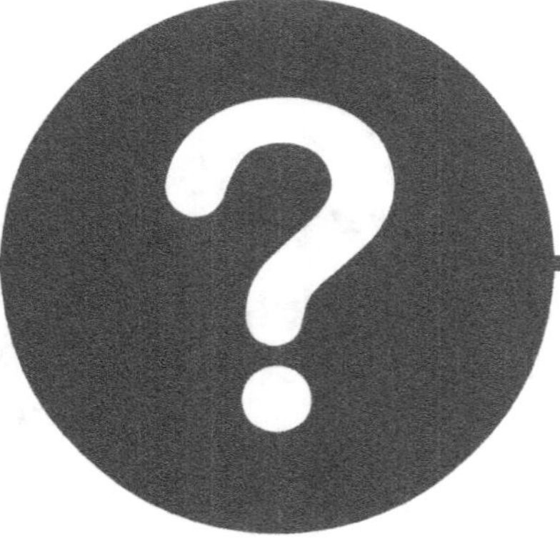

Avoir plusieurs petits orgasmes

OU

Avoir un seul mais incroyable orgasme ?

Tu préfères...

Avoir un seul partenaire

OU

En avoir plusieurs ?

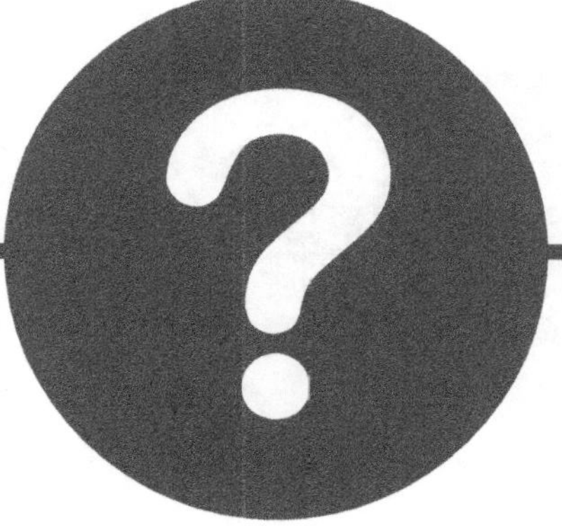

Faire l'amour très souvent mais sans jamais prendre ton pied

OU

Le faire une seule fois dans l'année en prenant ton pied ?

Tu préfères...

Faire l'amour uniquement dans un lit

OU

Que dans des endroits insolites ?

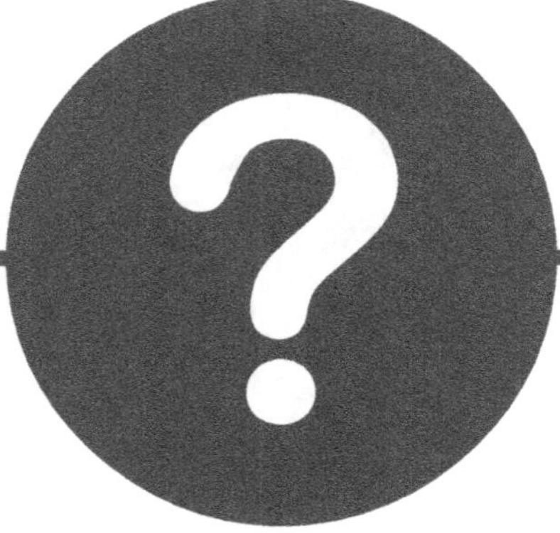

Le faire devant une caméra et que la vidéo soit diffusée sur internet

OU

Devant des inconnus mais qui ne filment pas ?

Tu préfères...

Jouer avec un vibromasseur avant de le faire

OU

Qu'on le fasse directement ?

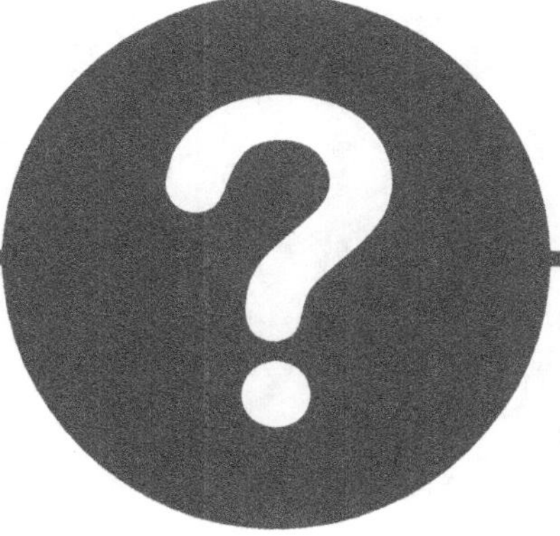

Que je t'attache au lit avec des menottes

OU

Que je te bande les yeux ?

Tu préfères...

Le faire avec mon/ma meilleur(e) ami(e)

OU

Me regarder le faire avec ton/ta meilleur(e) ami(e) ?

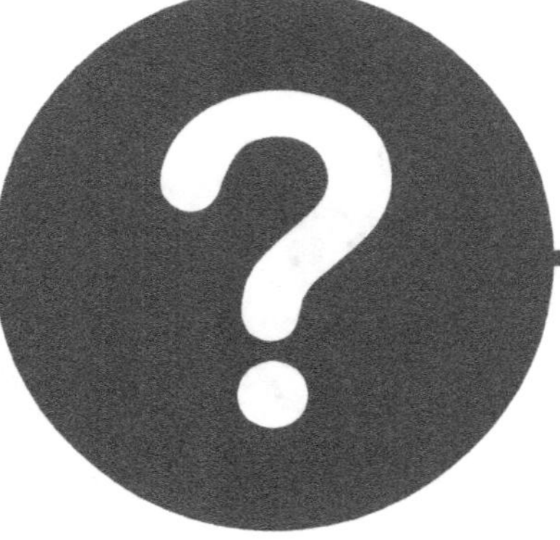

Pouvoir uniquement donner du plaisir pendant toute ta vie

OU

Seulement en recevoir ?

Tu préfères...

M'embrasser quand j'ai le nez
qui coule

OU

Quand j'ai de la nourriture coincée
entre les dents ?

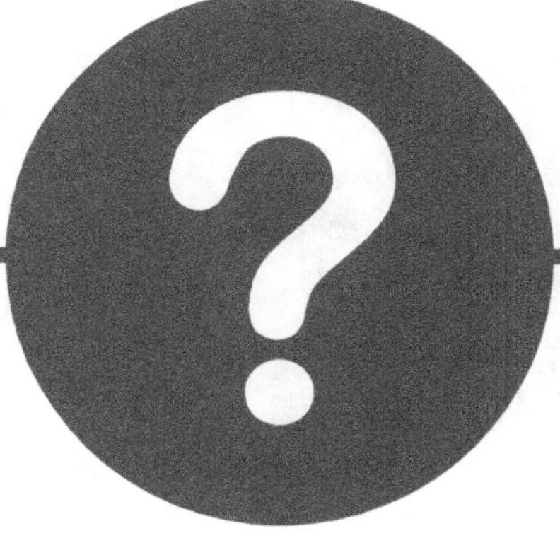

Qu'on croise tes parents dans
une boutique de sex-toys

OU

Tomber sur une vidéo de leurs ébats
sur internet ?

Tu préfères...

Me déshabiller

OU

Que je me déshabille devant toi ?

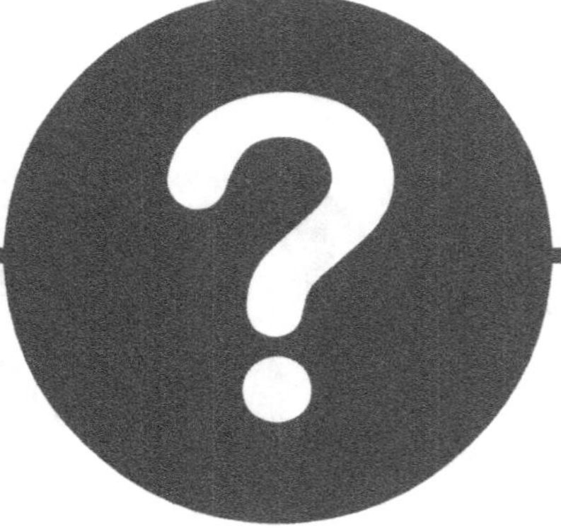

Te toucher tout(e) seul(e)

OU

Te toucher quand je suis à côté ?

Tu préfères...

Que ton ex poste une vidéo de toi en train de te toucher

OU

En train de faire l'amour ?

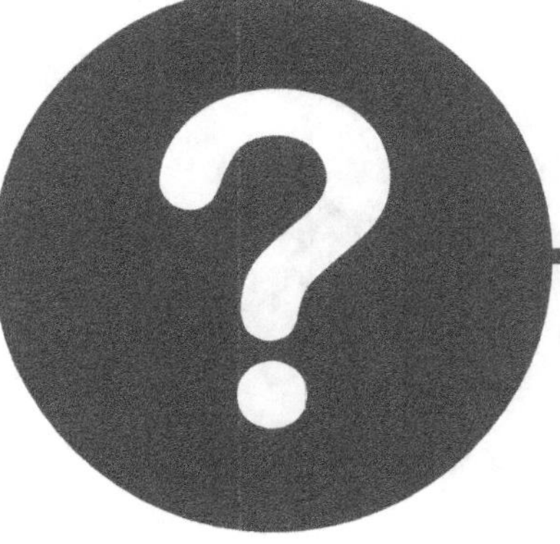

La sodomie

OU

L'éjaculation faciale ?

Tu préfères...

Regarder du porno

OU

Aller dans un club échangiste ?

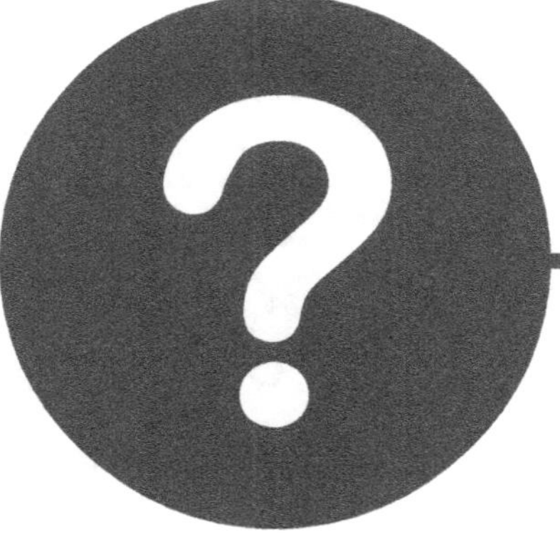

Passer juste une nuit avec une star du porno

OU

Avec moi ?

Tu préfères...

Mettre du nutella sur mon corps

OU

Me recouvrir de miel ?

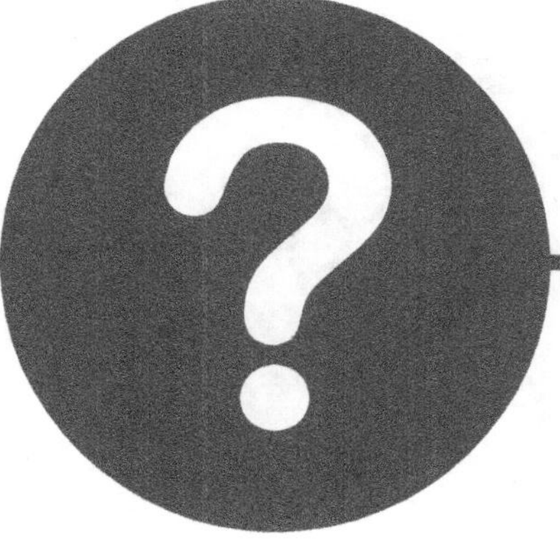

Le faire en missionnaire

OU

En levrette ?

Tu préfères...

Le faire quand on est bourrés

OU

Que je me déguise dans la tenue de ton choix ?

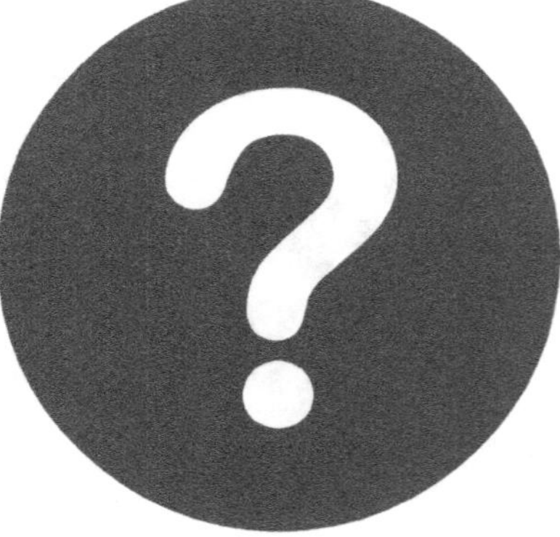

Arrêter le sexe pendant 2 mois

OU

Arrêter la masturbation pendant un an ?

Tu préfères...

Le faire avec une personne plus âgée

OU

Plus jeune ?

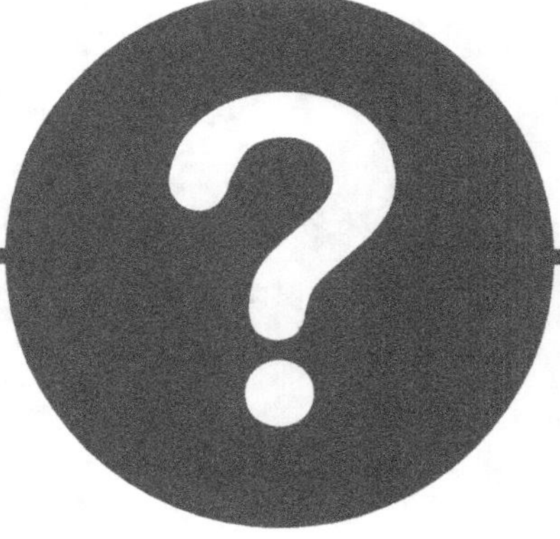

Avec lubrifiant

OU

Sans lubrifiant ?

Tu préfères...

Faire l'amour sous une tente dans une forêt

OU

Dans le lit King size d'un 5 étoiles ?

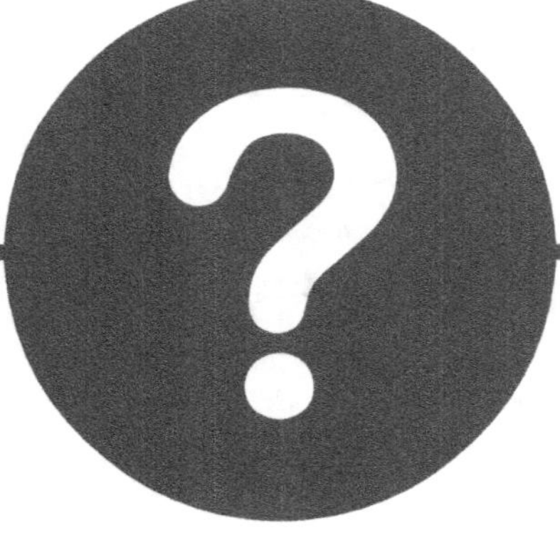

Faire l'amour avec

OU

Sans musique ?

Tu préfères...

Ne pouvoir faire l'amour qu'à la vue des passants

OU

Uniquement dans le noir total ?

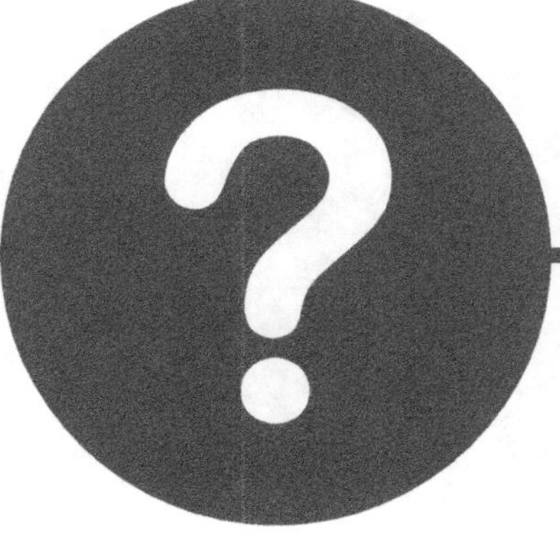

Être incapable de me toucher pendant les préliminaires

OU

Être incapable de me voir pendant qu'on le fait ?

Tu préfères...

Ne pouvoir faire l'amour que dans une chambre pendant toute ta vie

OU

Ne plus jamais pouvoir faire l'amour dans une chambre ?

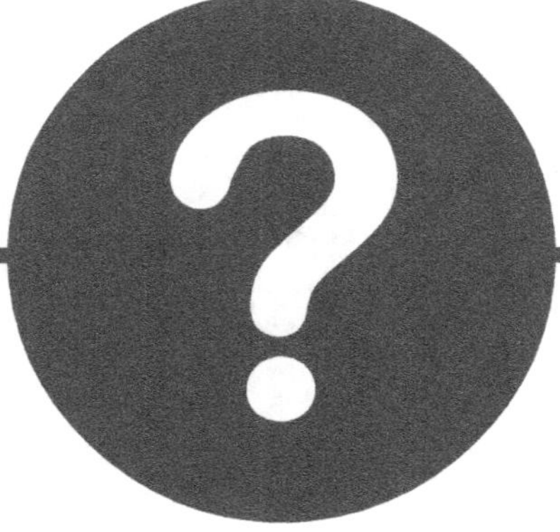

Ne plus jamais avoir d'orgasme

OU

Jouir à chaque fois que tu te déshabilles ?

Tu préfères...

....

....

OU

....

....

....

....

OU

....

....